Als das Spielzeug spielen wollte

und 5 weitere Kindergartengeschichten

Geschichten von Luise Holthausen

Illustrationen von Miriam Cordes

Inhalt

3 Das neue Mädchen

9 Mamas erster Kindergartentag

14 Paul kann morgens nicht aufstehen

17 Als das Spielzeug spielen wollte

21 Flori und Jule können Freunde sein

27 Dominik und das Lieblingsauto

© Carlsen Verlag GmbH, Hamburg 2014 | ISBN: 978-3-551-22128-5
Illustrationen von Miriam Cordes | Illustration der Lesemaus: Hildegard Müller
Redaktion: Caroline Fuchs | Umschlagkonzeption: Karin Kröll
Lithografie: ReproTechnik Fromme, Hamburg
Druck und Bindung: BALTO Print, Vilnius | Printed in Lithuania

Alle Bücher im Internet unter: www.lesemaus.de
Newsletter mit tollen Lesetipps kostenlos per E-Mail:www.carlsen.de

Das neue Mädchen

Mieke setzt gerade mit Lea ein Katzenpuzzle zusammen, als Dagmar, die Erzieherin, mit dem neuen Mädchen in den Gruppenraum kommt.

»Das ist Amelie, sie hat heute ihren ersten Tag im Kindergarten«, sagt sie. »Kümmert ihr euch ein bisschen um sie?«

Mieke nickt und schaut zu Lea hinüber. Lea nickt auch. Klar machen sie das. Sie kennen sich ja hier im Kindergarten gut aus. Sie können Amelie jede Ecke, jeden Winkel zeigen. Und sie können mit ihr spielen, denn als Neue hat Amelie vielleicht noch keine Freunde. Amelie sieht aus wie ein Vögelchen, das aus dem Nest gefallen ist. Ihre Augen sind gerötet. Ob sie geweint hat?

»Willst du mit uns zusammen puzzeln?«, fragt Mieke.

Amelie schaut etwas ratlos und sagt nichts.

»Unser Puzzle ist zu schwer für sie«, sagt Lea. Das stimmt. Amelie ist noch klein und für das Katzenpuzzle muss man schon ein bisschen groß sein. Extra für Amelie holt Mieke also ein anderes Puzzle aus dem Regal, eins mit großen Puzzleteilen aus Holz.

Aber Amelie reibt sich nur die Augen und sagt immer noch nichts.

»Sie will gar nicht puzzeln«, meint Lea.

»Willst du Lego bauen?«, fragt Mieke. »Puppen spielen? Malen?«

Amelie hebt die Schultern und lässt sie ratlos wieder sinken.

»Die kann gar nicht sprechen«, vermutet Lea.

Aber als Mieke und Lea nachher Tierarzt spielen und ein Teddy kommt in ihre Sprechstunde, der dringend operiert werden muss, da sagt Amelie auf einmal: »Zu Hause hab ich auch so einen Teddy.« Sie kann also doch sprechen.

»Willst du auch mal operieren?«, fragt Mieke.

Amelie nickt und Mieke holt noch schnell einen Affen und ein Pferd, damit sie die auch in ihrer Sprechstunde behandeln können.

Am nächsten Tag sieht Amelie nicht mehr aus wie ein Vögelchen, das aus dem Nest gefallen ist, sondern einfach nur wie ein ganz normales kleines Mädchen. Sie will mit Mieke und Lea Bauernhof spielen und manchmal lacht sie sogar dabei.

»Das ist wirklich toll, wie ihr euch um Amelie kümmert«, sagt Dagmar und das macht Mieke stolz.

Aber am dritten Tag kommt Mieke erst später in den Kindergarten, weil sie zuerst mit Mama zum Kinderarzt muss. Der will wissen, wie groß sie ist und wie viel sie wiegt und ob sie gesund ist, und all das dauert natürlich ein bisschen. Deshalb spielen schon alle draußen, als Mieke endlich im Kindergarten ankommt, und Lea und Amelie sitzen auf den beiden Schaukeln und lachen miteinander.

Als sie das sieht und hört, da sticht etwas in Miekes Brust. Richtig doll sticht es. Sie muss erst einmal tief atmen und dann muss sie schlucken. Dann erst kann sie zu den beiden hingehen.

»Komm, wir bauen eine Ritterburg im Sand«, schlägt sie Lea vor.

»Nein«, antwortet Lea und schwingt sich mit der Schaukel höher. »Ich will noch mit Amelie schaukeln.«

Da sticht es wieder. Noch viel doller als vorher sticht es. Es sticht sogar so doll, dass Mieke zu Amelie gehen und ihre Schaukel anschubsen muss.

»Nicht so hoch!«, schreit Amelie.

Aber Mieke muss noch viel fester schubsen. Bis Amelie anfängt zu weinen und Dagmar angelaufen kommt.

»Siehst du denn nicht, dass Amelie gleich von der Schaukel fällt?«, schimpft sie. Sie nimmt Mieke an der Hand und setzt sie neben sich auf die Bank, während die anderen Kinder weiterspielen dürfen. »Warum hast du die arme Amelie denn so geärgert?«, will Dagmar wissen.

Mieke presst nur die Lippen zusammen. Amelie ist überhaupt nicht arm. Die tut nur so. Die tut so, als sei sie ein hilfloses Vögelchen, und kaum kümmert man sich ein bisschen um sie, schnappt sie einem die beste Freundin weg. Das ist gemein.

Später, als Lea nicht mehr mit Amelie schaukelt und Mieke auch nicht mehr auf der Bank sitzen muss, fragt Lea sie: »Spielst du mit uns Fangen?«

Aber Mieke will nicht etwas spielen, bei dem die gemeine Amelie auch wieder mitspielt, und deshalb faucht sie: »Nee, Fangen spielen ist doch so was von blöde.«

»Nee«, faucht Lea zurück. »Du bist so was von blöde.« Sie rennt weg und spielt mit Amelie alleine Fangen. Mieke baut stattdessen mit Johannes und Simon die Ritterburg im Sandkasten. Aber immer, wenn sie zu Mieke und Lea hinüberschielt und sieht, wie die beiden zusammen spielen und ohne sie Spaß haben, da sticht es wieder so in ihr. Ihre Ritter stürmen dann jedes Mal besonders wild auf die Burg los und werfen besonders wild die anderen Ritter um.

»Du spinnst wohl«, regt sich Johannes auf, als bei einem besonders wilden Kampf die halbe Burg zu Bruch geht.

»Du spinnst selber, du Blödi«, schreit Mieke und haut auch noch die andere Hälfte der Burg um.

»Ich glaube, heute ist nicht so dein Tag, Mieke«, seufzt Dagmar, was auch immer das heißen mag, und dann muss Mieke schon wieder neben ihr auf der Bank sitzen. Diesmal bis zum Mittagessen. Das ist eine ganz schön lange Zeit.

Während Mieke so auf der Bank sitzt und hin und her rutscht und irgendwann vor lauter Langeweile die Wolken am Himmel anstarrt, rennt Amelie beim Fangenspielen immer um ihre Bank herum. Schließlich stoppt sie und bleibt direkt vor Mieke stehen.

»Musst du noch lange hier sitzen?«, fragt sie.

Mieke starrt immer noch zu den Wolken hinauf. Eine sieht aus wie ein Dinosaurier.

»Zu zweit Fangen spielen ist doof«, sagt Amelie.

»Na und?«, knurrt Mieke. Alleine neben einer Erzieherin auf der Bank sitzen ist auch doof.

Amelie setzt sich neben sie und schaut mit ihr zusammen in den Himmel. »Was guckst du da?«, will sie wissen. »Was ist da oben?«

»Wolken sind da oben«, knurrt Mieke.

»Ja!«, ruft Amelie und strahlt. »Da ist eine Dino-Wolke!«

Mieke schaut sie von der Seite an. Amelie hüpft vor Freude auf der Bank auf und ab. Im Augenblick sieht sie eigentlich nicht so besonders gemein aus. »Wir können ja Wolken raten machen«, sagt sie.

»Ich will auch!«, ruft Lea und drängelt sich neben sie. Da müssen sie ganz schön zusammenrutschen, denn nun wird es richtig eng auf der Bank. Aber sie passen gerade so hin, alle drei nebeneinander. Lea rechts, Amelie links und Mieke in der Mitte. Und zu dritt macht ja vielleicht doch alles dreimal so viel Spaß. Teddys operieren, Fangen spielen, Wolken raten oder sogar bis zum Mittagessen auf der Bank sitzen müssen.

Mamas erster Kindergartentag

Ricardos Bauch grummelt. Vor Freude oder vor Aufregung, so genau weiß Ricardo das nicht. Vielleicht auch wegen beidem. Jedenfalls rennt er lieber noch mal schnell aufs Klo. Heute ist nämlich sein erster Kindergartentag und da soll ja nichts in die Hose gehen.

Mama wartet im Flur auf ihn. Sie macht ein komisches Gesicht. Bestimmt hat Elena sie nachts wieder ein paarmal geweckt und jetzt ist sie müde. Elena ist ein Baby und kommt noch lange, lange nicht in den Kindergarten.

»Bist du fertig?«, fragt Mama. Sie hat ihre Jacke an und Elena auf dem Arm. »Können wir gehen?«

Ricardo nickt und knöpft sich die Hose zu. Mama will ihm helfen, die Schuhe anzuziehen, aber das kann er auch selber. Reinschlüpfen rechter Fuß, reinschlüpfen linker Fuß, Klettverschlüsse zumachen, fertig. Ist doch ganz einfach! Kindergartenkinder können so was.

»Prima«, lobt Mama. Aber sie macht immer noch ihr komisches Gesicht. Sie setzt Elena in den Kinderwagen und will Ricardo an der Hand

nehmen, aber er zieht sie schnell weg. Große Jungs brauchen niemanden zum Händchenhalten.

»Es wird bestimmt schön für dich im Kindergarten«, sagt Mama.

Ricardo nickt. Klar wird es schön für ihn im Kindergarten.

»Du wirst bestimmt viele Freunde zum Spielen finden.«

Klar wird er viele Freunde zum Spielen finden.

»Und ich hole dich auch ganz bestimmt pünktlich wieder ab.«

Langsam wundert sich Ricardo über Mama. Klar wird sie ihn pünktlich wieder abholen. Warum auch nicht? Mama ist doch immer pünktlich.

»Mama, hat Elena heute Nacht viel geschrien?«, fragt Ricardo.

»Nur einmal«, antwortet Mama. »Aber da ist Papa aufgestanden und hat sich gekümmert. Damit ich an deinem ersten Kindergartentag so richtig ausgeschlafen bin, weißt du.«
Sie lächelt Ricardo an, aber das sieht auch wieder so komisch aus. Als würde sie nur so tun, als ob sie lächelt. Dabei ist sie doch gar nicht müde. Das hat sie eben selbst gesagt.

Jetzt sind sie gleich am Kindergarten. Ricardo kann es kaum noch erwarten. Oh, wie er sich freut! Wie aufgeregt er ist! Sein Bauch grummelt schon wieder.

Mama aber wird mit jedem Schritt

langsamer. Freut sie sich denn gar nicht? Ricardo schaut sie genau an. Und dann weiß er auf einmal, was mit ihr los ist: Mama hat auch ihren ersten Kindergartentag! Über den ersten Kindergartentag haben Ricardo und Papa und Mama vorher viel gesprochen. Dass alles neu ist und so. Dass man sich erst eingewöhnen muss. Und für Mama ist natürlich auch alles neu. Denn auf einmal ist Ricardo nicht mehr den ganzen Tag zu Hause und spielt mit ihr. Stattdessen muss sie ihn im Kindergarten abgeben und ihm »Tschüs« sagen und weggehen. Das ist nicht einfach. Darüber haben sie auch gesprochen. Da kann man schon mal traurig werden. »Trennungsschmerzen« sind das, hat Papa gesagt. Mama hat also jetzt bestimmt Trennungsschmerzen.

»Sei nicht traurig«, tröstet Ricardo sie und schiebt seine Hand in Mamas Hand. Zum Trösten können nämlich auch große Jungs Händchen halten. »Du hast doch noch Elena.«

Außerdem bleibt er heute nur eine Stunde im Kindergarten. Das haben sie so ausgemacht, wegen der Eingewöhnung. Mama darf ihn also bald wieder abholen.

»Ich erzähl dir auch alles vom Kindergarten.«

Da lächelt Mama. Und diesmal lächelt sie richtig, mit strahlenden Augen. »Du hast ja so Recht, mein Großer«, sagt sie.

Als sie sich im Kindergarten zum Abschied umarmen, muss Ricardo doch ein paarmal schlucken. Er hat einen Kloß im Hals. Das sind bestimmt diese »Trennungsschmerzen«. Aber jetzt muss er tapfer sein, sonst wird Mama nur wieder traurig. »Tschüs«, sagt er und dann dreht er sich einfach um und geht mit der Erzieherin mit.

Zum Glück ist die Erzieherin nett. Sie zeigt ihm alles:
die Garderobe, wo er seine Jacke und seine Kindergartentasche aufhängen kann, den Toberaum, wo man auf Matratzen hüpfen darf, und das Klo. Auf das muss Ricardo auch gleich, weil sein Bauch schon wieder ziemlich grummelt. Danach geht die Erzieherin mit ihm in den Gruppenraum zu den anderen Kindern und – wie schön! – zwei von ihnen kennt er schon: Martin, der ein paar Häuser neben ihm wohnt, und Alex, den er schon öfter auf dem Spielplatz getroffen hat. Die beiden bauen gerade an einer Riesenstadt aus Lego.

»Willst du mitmachen?«, fragt Martin, und dann kommt auch noch ein Mädchen dazu, das heißt Hannah. So bauen sie zu viert und Ricardos Bauch grummelt überhaupt nicht mehr.

Das Bauen macht so viel Spaß, dass die Stunde leider ganz schnell vorübergeht. Schon steht Mama in der Tür, um ihn wieder abzuholen.
»Wie war dein erster Tag?«, fragt sie.

»Toll!« Ricardo strahlt. Er mag eigentlich gar nicht schon wieder gehen. Aber morgen ist ja auch noch ein Kindergartentag. Da darf er bestimmt schon länger bleiben.

»Und wie war dein erster Tag?«, fragt er Mama.

»Auch toll.« Mama lacht.

Und dann fassen sie sich an den Händen und gehen zusammen nach Hause.

Wieso ist Ricardos Mama traurig?

Paul kann morgens nicht aufstehen

Seit ein paar Monaten geht Paul in den Kindergarten. Das findet er toll. Nur dass er schon morgens um halb acht in den Kindergarten gehen muss, das findet Paul nicht so toll. Papa und Mama müssen nämlich früh zur Arbeit und deshalb müssen sie Paul auch früh in den Kindergarten bringen. Und weil er morgens früh aufstehen muss, muss er abends früh ins Bett gehen. Schon vor acht Uhr. Das findet Paul erst recht nicht toll. Denn abends ist Paul immer hellwach! Morgens ist er immer so schrecklich müde, aber abends fällt es Paul gar nicht schwer, aufzustehen. Das geht sogar ganz leicht.

Er steht auf, weil er zum Abendessen nur zwei Becher Kakao getrunken und jetzt großen Durst auf Apfelsaft hat. Er steht auf, weil er vergessen hat, nach dem Apfelsafttrinken noch einmal seine Zähne zu putzen. Er steht auf, weil er zum dritten Mal aufs Klo muss.

Er steht auf, weil Papa ihm nach dem Abendessen ein Autobuch vorge-

lesen und er sich die tollen Bilder noch nicht oft genug angeguckt hat. Er steht auf, weil er ein Haus aus Legosteinen bauen möchte. Er hat nämlich den ganzen Tag noch kein Haus aus Legosteinen gebaut.

»Jetzt bleib doch endlich mal im Bett und mach die Augen zu«, schimpft Mama. »Es ist Abend. Der Tag ist zu Ende.«

»Warum muss der Tag denn so früh zu Ende gehen?«, denkt Paul.

Mama deckt ihn noch mal mit seiner Kuscheldecke zu. Sie singt ihm zum dritten Mal ein Gutenachtlied vor, streicht ihm über den Kopf und gibt ihm einen Gutenachtkuss. Wenn er dann still liegen bleibt, merkt Paul, dass er eigentlich doch ziemlich müde ist. Jetzt ist er froh, dass es Abend ist und er endlich schlafen kann.

»Warum muss denn die Nacht so kurz sein?«, denkt Paul am Morgen. Morgens kann Paul nicht aufstehen, wenn Mama ihn für den Kindergarten weckt. Er kommt kaum aus dem Bett. Pauls Augen kleben nämlich zusammen. Als er sich hinsetzen will, stößt er sich den Kopf an

der Bettkante. Als er sich anziehen will, findet er seinen zweiten Strumpf nicht. Sein Unterhemd kneift. Sein Pulli kratzt. Und sein Hosenknopf geht sowieso nicht zu.

»Trödel doch nicht immer so, Paul!«, seufzt Mama. »Es ist Morgen. Der Tag hat angefangen.«

»Warum muss der Tag denn so früh anfangen?«, denkt Paul und gähnt.

Da wäscht Mama ihm die Augen mit warmem Wasser. Sie streichelt ihm die Beule am Kopf. Sie findet seinen zweiten Strumpf, zieht ihm ein neues Unterhemd und einen weiten Pulli an und knöpft ihm die Hose zu.

Sein Müsli in der Küche kann Paul dann schon selber essen. Und auf dem Weg zum Kindergarten seine Kindergartentasche ganz alleine tragen.

Am Eingang zum Kindergarten wartet ungeduldig sein Freund Felix. »Spielst du mit mir?«, fragt Felix.

Paul reibt sich die Augen. Sie kleben nicht mehr zusammen. Seine Beule tut auch nicht mehr weh. Er hat zwei Strümpfe an. Sein Unterhemd kneift nicht, sein Pulli kratzt nicht und seine Hose ist sowieso zugeknöpft. Und jetzt fällt Paul auch wieder ein, dass er gestern mit Felix im Kindergarten Eisenbahn gespielt hat. Das hat Spaß gemacht! Das könnten sie doch heute gleich wieder machen. Paul ist auf einmal hellwach: Also von ihm aus kann dieser tolle Kindergartentag jetzt sofort anfangen!

Welche Tageszeit magst du lieber? Den Morgen oder den Abend?

Als das Spielzeug spielen wollte

Weißt du eigentlich, was das Spielzeug im Kindergarten bei Nacht macht? Wenn alles aufgeräumt ist, alle Kinder abgeholt wurden und alle Erzieherinnen nach Hause gegangen sind? Wahrscheinlich hast du gedacht, dann liegt das Spielzeug still in seinen Kisten, Schubladen und Regalen herum und wartet darauf, dass der nächste Tag kommt. Aber weit gefehlt! Nachts ist im Kindergarten nämlich einiges los, und wie es dazu kam, das will ich dir erzählen.

Eines Abends, kaum hatte sich der Schlüssel im Schloss gedreht und die Spielsachen waren unter sich, da beschwerte sich die Lokomotive: »Die Kinder hatten so eine schöne Gleisstrecke gebaut, aber ich durfte kaum drauf fahren.«

»Ich musste die ganze Zeit in einer Legogarage herumstehen«, brummelte der große schwere Holzlaster.

»Wir sind beim Aufräumen trotzdem wieder in der Kiste gelandet. Wie jeden Abend«, beklagten sich die Legosteine.

»Was sollen wir da erst sagen«, seufzten die Puppen traurig. »Wir

wurden heute kein einziges Mal aus unserem Puppenwagen herausgeholt.«

»Und wir sollten ein richtig großer Turm werden, aber ein paar von den Kindern haben uns einfach umgestoßen!«, riefen die Bauklötze im Chor.

»Hört mit dem Gejammer auf«, brummte der Kuschelbär dazwischen. »Wir haben doch die ganze Nacht vor uns. Wir können alles das tun, was wir schon immer mal tun wollten.«

Einen Augenblick lang schwiegen alle verblüfft. Dann sagte die Lokomotive: »Eigentlich hast du Recht.« Und die anderen Spielsachen stimmten ein: »Du hast Recht! Du hast Recht, Kuschelbär!«

»Also nichts wie raus aus der Kiste!«, riefen die Legosteine und sprangen auf den Teppich. Nun gab es kein Halten mehr. Eisenbahn, Bauklötze, Autos, Puppen, Kuscheltiere, ja sogar Stifte, Spielgeld, Spielkarten und Würfel, alles, alles wuselte durcheinander.

Und das war noch nicht alles: Die Gleise setzten sich selbst zusammen und die Lokomotive raste so schnell durch die Kurven, dass sie aus den Schienen sprang. Aber das machte nichts, denn dann brauste sie einfach auf dem Teppichboden weiter. Die Autos lieferten sich ein Wettrennen nach dem anderen und jedes durfte einmal gewinnen, sogar der große schwere Holzlaster. Die Bauklötze stapelten sich zu dem höchsten Turm, den es je im Kindergarten gegeben hatte, und die Legosteine bauten nacheinander eine Stadt, eine Burg und einen Hafen.
Die Puppen gingen erst im ganzen Kindergarten spazieren und anschließend setzten sie sich mit den Kuscheltieren an den Tisch und spielten mit ihnen Karten.

So verging die Nacht, und erst als ein Sonnenstrahl durchs Fenster schimmerte, wurden die Spielsachen aufmerksam. Der Kuschelbär rief: »Es ist schon Tag. Gleich kommen die Kinder!« Da sprangen Gleise, Legosteine und Bauklötze zurück in ihre Kisten, die Puppen kletterten in ihren Puppenwagen, Stifte, Spielgeld, Spielkarten und Würfel verschwanden in ihren Schubladen und die Kuscheltiere legten sich in ihre Kuschelecke. Und als sich der Schlüssel im Schloss drehte und die erste Erzieherin hereinkam, da war von dem nächtlichen Spiel nichts mehr zu sehen.

Doch halt – wenn man ganz genau hinschaute, dann konnte man doch etwas sehen: Die Lokomotive war vor Aufregung in die falsche Kiste gesprungen und lag nun zwischen lauter Bauklötzen.

Wenn du also mal morgens in den Kindergarten kommst und nicht alles liegt dort, wo es hingehört, dann weißt du jetzt, warum das so ist: Dann wollte das Spielzeug nachts mal wieder nicht nur still herumliegen und auf den Tag warten, sondern spielen!

Was passiert wohl nachts in deinem Kindergarten?

Flori und Jule können Freunde sein

Flori hat einen kleinen und einen großen Bruder. Der kleine Bruder heißt Lukas und nervt meistens, weil er immer genau das machen möchte, was Flori macht. Dabei ist er erst ein Jahr alt und kann noch nicht mal richtig laufen. Und Flori ist drei Jahre alt und kann sogar schon um den Häuserblock rennen.

Floris großer Bruder Jonas dagegen nervt überhaupt nicht. Der ist schon sechs Jahre alt und trotzdem noch nett. Wenn seine Kindergartenfreunde zu Besuch sind und sie draußen auf der Wiese Fußball spielen, darf Flori sogar manchmal mitkicken. Immer dann, wenn ihnen ein Torwart fehlt. Flori ist nämlich ein richtig guter Torwart und hält in jedem Spiel mindestens zwei Bälle.

Seit ein paar Tagen geht Flori nun auch in den Kindergarten. Das ist toll. Das hat er sich schon so lange gewünscht. Und das Tollste daran ist: Flori gehört, genau wie Jonas, zur Bärengruppe. Im Kindergarten gibt

es nämlich drei Gruppen: die Bärengruppe, die Igelgruppe und die Mäusegruppe. Normalerweise gehen Geschwister im Kindergarten nicht in dieselbe Gruppe, aber nur in der Bärengruppe war ein Platz für Flori frei. Da hat er richtig Glück gehabt!

»Du hast dich schnell bei uns eingewöhnt«, sagt Antje, die Erzieherin, und strubbelt Flori durchs Haar. »Superschnell. Im Rekordtempo. Nach drei Tagen bleibst du schon bis zum Mittagessen. Klasse!«

Flori strahlt. Aber es ist ja auch so schön im Kindergarten. Morgens beim Stuhlkreis, wenn er neben Jonas sitzt, da singen sie immer ein Morgenlied. Und später packen sie zusammen ihr Frühstück aus und beim Mittagessen sitzen sie auch nebeneinander. Und dazwischen haben sie

viel Zeit zum Spielen. Manchmal machen sie mit den anderen im Stuhlkreis ein Spiel. Oder sie malen und basteln alle zusammen und dann kann er Jonas fragen, ob er ihm beim Ausschneiden hilft. Oder sie haben freies Spiel und dann kann er mit Jonas in die Bauecke gehen und was bauen.

Heute will Jonas mit seinen Kindergartenfreunden draußen Fußball spielen. »Dürfen wir?«, fragt er.

Antje nickt. »Aber bleibt auf der Wiese vor dem Fenster«, sagt sie noch. »Damit ich euch sehen kann.«

»Juhu!« Jonas schnappt sich den Ball und rennt zur Garderobe, um seine Schuhe und seine Jacke anzuziehen. »Juhu!« Seine Freunde rennen hinterher. Flori will auch »Juhu« rufen und hinterher, aber da hält ihn eine Hand fest.

»Wo willst du denn hin?«, fragt Antje.

»Raus«, stößt Flori hervor. Er hat es doch eilig! »Kicken.« Er zerrt an Antjes Hand. Aber Antje lässt ihn nicht los.

»Nein, das geht nicht. Alleine raus dürfen nur die großen Kinder, die schon lange im Kindergarten sind und bald in die Schule kommen. Du bist erst seit ein paar Tagen da. Du darfst das noch nicht.«

Er darf nicht raus? Er darf nicht mit Jonas Fußball spielen? Aber wer soll denn dann Torwart sein? Und vor allem: Was soll Flori im Gruppenraum machen, so ganz ohne Jonas?

»Ich will aber!«, schreit er. Er schreit so laut, dass die anderen Kinder alle zu ihm rüberschauen.

Antje schreit nicht. Sie bleibt ganz ruhig. Und sie sagt immer dasselbe: »Nein, das geht nicht.«

Flori schreit auch immer dasselbe: »Ich will, ich will, ich will!«

Dann fängt er an zu weinen. Jetzt starren die anderen Kinder. Mit riesig großen Augen.

Antje will ihn in den Arm nehmen, aber Flori stößt sie weg. Antje ist so blöd! Antje ist so ungerecht! Und von einer, die so blöd und ungerecht ist, will er sich nicht in den Arm nehmen und trösten lassen.

»Ich will nach Hause!«, schreit Flori.

Aber das geht auch nicht, denn zu Hause ist niemand. Papa ist arbeiten und Mama ist arbeiten und Lukas ist bei der Tagesmutter.

»Willst du dich vielleicht in die Kuschelecke legen?«, fragt Antje und streicht ihm tröstend über den Kopf.

Flori stößt auch ihre Hand weg. Aber in die Kuschelecke geht er doch. Er schmeißt sich auf die Matratze und tobt dort weiter. Er weint und weint. Erst vor Wut. Dann, weil er so traurig ist. Er kann und kann einfach nicht aufhören damit.

Nach einer Weile merkt er, dass er nicht allein in der Kuschelecke ist. Jule sitzt neben ihm. In der einen Hand hält sie eine Puppe und in der anderen Hand einen Teddy. Jule ist auch noch ziemlich neu. Sie ist am selben Tag in die Bärengruppe gekommen wie er.

»Warum weinst du so?«, will sie wissen.

»Geh weg«, schluchzt Flori. »Lass mich in Ruhe.«

Aber Jule geht nicht weg. Sie bewegt die Puppe und den Teddy und murmelt dabei vor sich hin.

»Was machst du da?«, flüstert Flori mit tränenerstickter Stimme.

»Ich spiele Vater, Mutter, Kind«, erklärt Jule. »Der Teddy ist der Vater und die Puppe ist die Mutter.«

Flori wischt sich die Tränen aus den Augen. Ein paar tropfen noch nach. Er schaut auf die Stofftiere, die in der Kuschelecke liegen, dann zieht er entschlossen einen Löwen zu sich heran.

»Das ist das Kind«, sagt er. »Das heißt Flori. Wie ich.«

Jule nimmt schnell einen Hund. »Und das Kind hier heißt Jule. Wie ich.«

»Das geht nicht«, widerspricht Flori. »Die können nicht wie du und ich heißen. Der Löwe und der Hund sind Geschwister. Aber wir beide sind doch gar keine Geschwister.«

Jule macht ein nachdenkliches Gesicht. Aber dann hat sie einen Einfall und strahlt. »Dann sind die beiden eben Freunde.«

Flori überlegt und nickt. Klar, das geht natürlich! Der Löwe und der Hund, Flori und Jule können Freunde sein. Bis zum Mittag spielen sie so miteinander. Und Flori vergisst darüber sogar Jonas und das Fußballspielen.

Wieso ist Flori sauer?

Dominik und das Lieblingsauto

»Tatütata!« Das Polizeiauto rast die Straße entlang, vorbei an einer Schlange Autos, die im Stau stehen. Vorne an der Kreuzung ist ein Unfall passiert und da muss das Polizeiauto so schnell wie möglich hin. »Tatütata!«

»Ihr müsst jetzt aufräumen, Kinder«, unterbricht die Erzieherin Petra das Sirenengeheul von Dominik. »Danach machen wir zum Abschluss noch unseren Stuhlkreis.«

»Manno«, mault Dominik. Ist der Kindergartentag wirklich schon zu Ende? Er könnte noch ewig weiterspielen und am liebsten immer nur mit dem Polizeiauto.

Finn greift mit beiden Händen nach den Stauautos und wirft sie in die Spielzeugkiste. »Jetzt hilf schon mit«, beschwert er sich.

»Ja, ja«, sagt Dominik. Aber das Polizeiauto scheint an ihm festgeklebt zu sein. Er kann es einfach nicht in die Kiste räumen.

Zu Hause hat Dominik massenweise Autos. Wenn Oma und Opa zu Besuch kommen, bringen sie ihm immer eins mit, weil sie wissen, dass

er am liebsten mit Autos spielt. Aber ein Polizeiauto war bei diesen Geschenken leider noch nicht dabei.

Dominik seufzt. Ohne Polizeiauto kann man doch gar nicht richtig Auto spielen, überlegt er. Wie soll man denn zum Beispiel einen Unfall aufnehmen ohne Polizeiauto? Wie soll man Verbrecher fangen ohne Polizeiauto? Wie soll man Autofahrer in Not retten oder entlaufene Tiere? Genau genommen kann man überhaupt nichts spielen ohne Polizeiauto.

Dominik schaut sich um. Die Kinder tragen gerade ihre Stühle in den Kreis. Petra dreht ihm den Rücken zu. Finn holt einen Rennwagen unter dem Regal hervor. Keiner kümmert sich um Dominik.

Und da passiert es einfach. Das Polizeiauto verschwindet in Dominiks Hosentasche. Wie von selbst schiebt seine Hand es da hinein.

Petra kommt noch einmal in die Spielecke. »Seid ihr so weit?«, fragt sie.

»Gleich«, schnauft Finn. Er dreht sich suchend um. »Wo ist jetzt das Polizeiauto?«

»Hab ich schon aufgeräumt«, kommt es aus Dominiks Mund. Und sein Herz klopft dabei ganz schnell.

»Was wollen wir denn noch zum Abschluss spielen?«, fragt Petra, als alle Kinder im Kreis sitzen.

»Mein rechter, rechter Platz ist frei«, ruft Sina.

»Ja! Ja!«, stimmen alle Kinder begeistert zu.

Alle außer Dominik. Der muss nämlich auf das Polizeiauto aufpassen.

Wäre ja oberpeinlich, wenn ihm das aus Versehen aus der Hosentasche fiele!

Sina darf anfangen. Sie klopft auf den leeren Stuhl neben sich und sagt: »Mein rechter, rechter Platz ist frei, ich wünsche mir die Anne herbei.« Das war klar. Sina und Anne sind die allerdicksten Freundinnen.

Danach ist Svetlana dran. Sie wünscht sich Marie herbei. Murat wünscht sich Tom herbei. Alina wünscht sich Daniel herbei. Und so geht es immer weiter.

»Dominik!«, ruft Finn.

»Was?« Dominik fährt hoch, so dass er einen Moment glaubt, jetzt kracht ihm das Polizeiauto doch noch auf den Boden. Er presst die Hand an seine Hosentasche.

»Ich wünsche mir den Dominik herbei«, wiederholt Finn.

Die anderen Kinder kichern, weil Dominik nicht aufgepasst hat. Und dann kichern sie, weil Dominik sich so komisch krümmt, als er auf den Platz neben Finn schlüpft. Und dann kichern sie, weil ihm überhaupt nicht einfällt, wen er sich eigentlich herbeiwünschen soll, als sein rechter Platz frei ist.

Also irgendwie macht das Spiel heute keinen Spaß. Es macht sowieso keinen Spaß, ein Spiel zu spielen, wenn man gleichzeitig auf ein Polizeiauto in seiner Hosentasche aufpassen muss.

Und da gibt sich Dominik einen Ruck und fragt mit klopfendem Herzen: »Petra, darf ich mir das Polizeiauto ausleihen?«

Petra macht ein verdutztes Gesicht. Aber dann sagt sie: »Ja, das darfst du, Dominik. Ausnahmsweise, weil du das Auto nicht einfach so mitgenommen, sondern gefragt hast. Aber du musst es morgen bestimmt wieder mitbringen.«

Dominik fühlt sich auf einmal ganz leicht. Sein Herz hämmert nicht mehr so laut gegen seine Brust. »Ganz bestimmt«, versichert er.

Später holt Papa ihn vom Kindergarten ab, und da ist Dominik so was von froh, dass er das Polizeiauto nicht einfach mitgenommen, sondern richtig ausgeliehen hat! Denn jetzt muss er das Auto nicht mehr in der Hosentasche verstecken, sondern er kann es Papa stolz zeigen. Und zu Hause muss er nicht heimlich, still und alleine damit spielen, sondern er kann mit Papa zusammen Unfälle bauen, Verbrecher jagen und Autofahrer in Not und entlaufene Tiere retten. Und dabei rast das Polizeiauto mit »Tatütata« durch die Straßen. Ganz laut und den ganzen Abend lang.

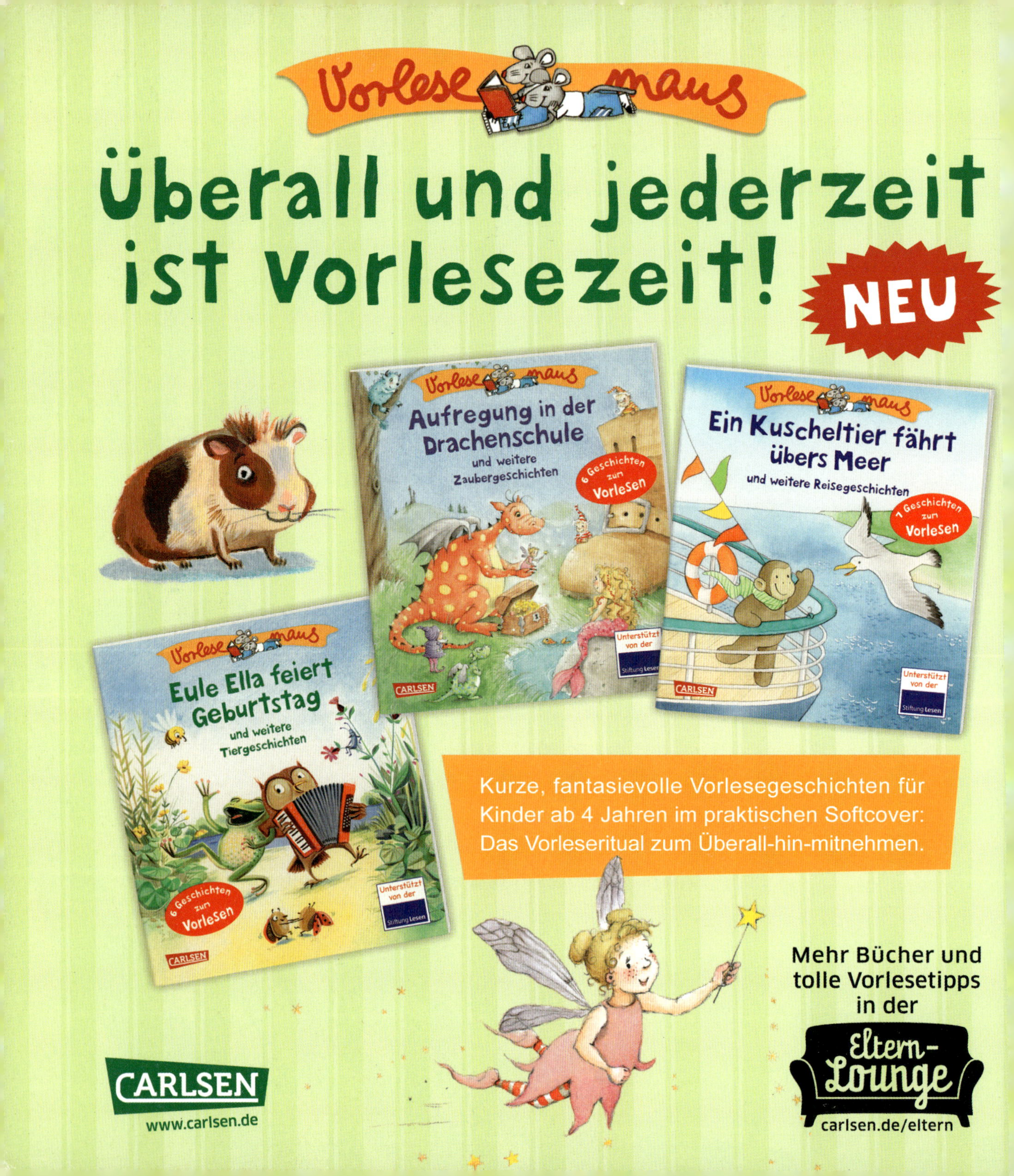
Vorlesemaus
Überall und jederzeit ist Vorlesezeit!
NEU
Vorlesemaus
Aufregung in der Drachenschule
und weitere Zaubergeschichten
6 Geschichten zum Vorlesen
Unterstützt von der Stiftung Lesen
CARLSEN
Vorlesemaus
Ein Kuscheltier fährt übers Meer
und weitere Reisegeschichten
7 Geschichten zum Vorlesen
Unterstützt von der Stiftung Lesen
CARLSEN
Vorlesemaus
Eule Ella feiert Geburtstag
und weitere Tiergeschichten
6 Geschichten zum Vorlesen
Unterstützt von der Stiftung Lesen
CARLSEN
Kurze, fantasievolle Vorlesegeschichten für Kinder ab 4 Jahren im praktischen Softcover: Das Vorleseritual zum Überall-hin-mitnehmen.
Mehr Bücher und tolle Vorlesetipps in der
Eltern-Lounge
carlsen.de/eltern
CARLSEN
www.carlsen.de

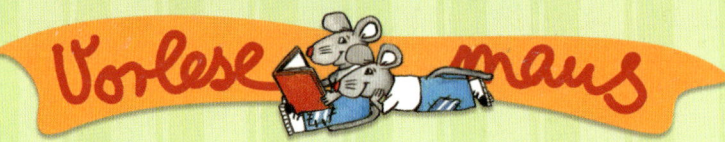